모험을 떠나기 전에

전설의 용사 라무여, 그대가 해야 할 일이 있다네.

아주 먼 옛날, 이 세상을 파괴한 죄로 어둠 속에 봉인되었던
마왕 데빌을 마법사 엑시스트가 부활시켰다네.

마왕 데빌을 봉인하기 위해서는
전설의 검 9자루가 필요하네.

전설의 용사 라무여,
여기저기에 흩어져 있는 전설의 검을 모두 찾아내
마왕 데빌을 어둠의 세계에 다시 봉인해 주게.

곧이어 9개의 장소가 차례로 나타날 것이네.
각각의 길은 미로처럼 뒤얽혀 있으며
구구단 문제를 맞혀야 지나갈 수 있다네.

부디 9개의 장소에 숨겨진 전설의 검을 찾아
마왕 데빌을 무찔러 주게.

전설의 용사 라무여,
그대가 가는 길에 행운이 있기를!

구구단 모험 미로 순서

- ▶ **1단** 마법의 마을 · · · · 6   ▶ **2단** 숲 속 마을 · · · · 8   ▶ **3단** 빙하 계곡 · · · 10
- ▶ **4단** 환상의 숲 · · · · · 12   ▶ **5단** 화산 마을 · · · · 14   ▶ **6단** 드래곤의 섬 · · 16
- ▶ **7단** 바위산 · · · · · · 18   ▶ **8단** 바다 위 요새 · · 20   ▶ **9단** 악마의 성 · · · 22
- ▶ **구구단** 최후의 결투 · · 24   ▶ 정답 · · · · · · · · 27

미로 찾기 규칙

① 화살표로 표시된 곳이 출발, 깃발로 표시된 곳이 도착입니다.
② 1단계 미로 찾기는 도중에 나오는 구구단 문제를 풀면서 도착을 찾습니다. 이때 괴물이 있는 곳은 지나갈 수 없습니다.
③ 2단계 미로 찾기는 구구단 문제는 신경 쓰지 말고 길을 막고 서 있는 괴물을 물리치면서 도착을 찾습니다. 같은 길은 한 번만 지나갈 수 있습니다.

1단
마법의 마을

마법의 마을에는 신비로운 동물 친구들이 많아요. 그런데 곳곳에 악당 이블이 숨어 있네요. 지금부터 이블을 피해 미로를 빠져나가 볼까요?

1단계 미로 찾기

라무

출발에서 전설의 검이 있는 도착까지 가 보세요. 길을 지날 때마다 구구단 1단 문제가 나오는데, 정답을 맞히면 미로를 빠져나갈 수 있어요. 이때 괴물이 있는 곳은 지나갈 수 없답니다.

2단계 미로 찾기

이블
라이가

구구단 1단은 신경 쓰지 말고 길을 막고 서 있는 악당을 모두 무찌르세요. 칼의 초록색 버튼을 누르면 광선이 나와 악당 이블과 라이가를 무찌를 수 있어요. 같은 길은 한 번만 지나갈 수 있어요.

숨은그림찾기

너구리 / 새1 / 거북
갈색 토끼 / 여우 / 새2
새3 / 곰 / 개구리

여기까지 무사히 통과했다면 **구구단 1단** 외우기 성공!

2단

숲속 마을

괴물 지길이 숲속 마을 사람들을 괴롭히고 있어요. 공포에 사로잡힌 마을 사람들을 구하고, 두 번째 전설의 검을 손에 넣으세요.

1단계 미로 찾기

라무

출발에서 전설의 검이 있는 도착까지 가 보세요. 길을 지날 때마다 구구단 2단 문제가 나오는데, 정답을 맞히면 미로를 빠져나갈 수 있어요. 이때 괴물이 있는 곳은 지나갈 수 없답니다.

2단계 미로 찾기

지길

구구단 2단은 신경 쓰지 말고 칼의 초록색 버튼을 눌러 길을 막고 서 있는 괴물 지길을 모두 무찌르세요. 허둥대는 마을 사람들을 모두 모아 도착점 아래에 있는 안전한 광장으로 데리고 가세요. 같은 길은 한 번만 지나갈 수 있어요.

숨은그림찾기

국자 / 사슴 / 숟가락
프라이팬 / 전자레인지 / 나비
머그잔 / 나무통 / 나무

여기까지 무사히 통과했다면 **구구단 2단** 외우기 성공!

3단

빙하 계곡

얼음으로 둘러싸인
빙하 계곡이에요.
매서운 바람과
추위가 앞길을 막지만
조심조심 걸으며
미로를 빠져나가 볼까요?

1단계 미로 찾기

라무

출발에서 전설의 검이 있는 도착까지 가 보세요. 길을 지날 때마다 구구단 3단 문제가 나오는데, 정답을 맞히면 미로를 빠져나갈 수 있어요. 이때 괴물이 있는 곳은 지나갈 수 없답니다.

2단계 미로 찾기

세비지
아슈라
E

구구단 3단은 신경 쓰지 말고 칼의 초록색 버튼을 눌러 길을 막고 서 있는 괴물 세비지와 아슈라를 모두 무찌르세요. 가는 길에 에너지(E)를 충전하면, 추위를 이길 수 있는 힘이 생겨요. 같은 길은 한 번만 지나갈 수 있어요.

숨은그림찾기

코뿔소 1
돼지
알파벳 D
펭귄
코끼리
코뿔소 2
알파벳 C
강아지
송곳달팽이

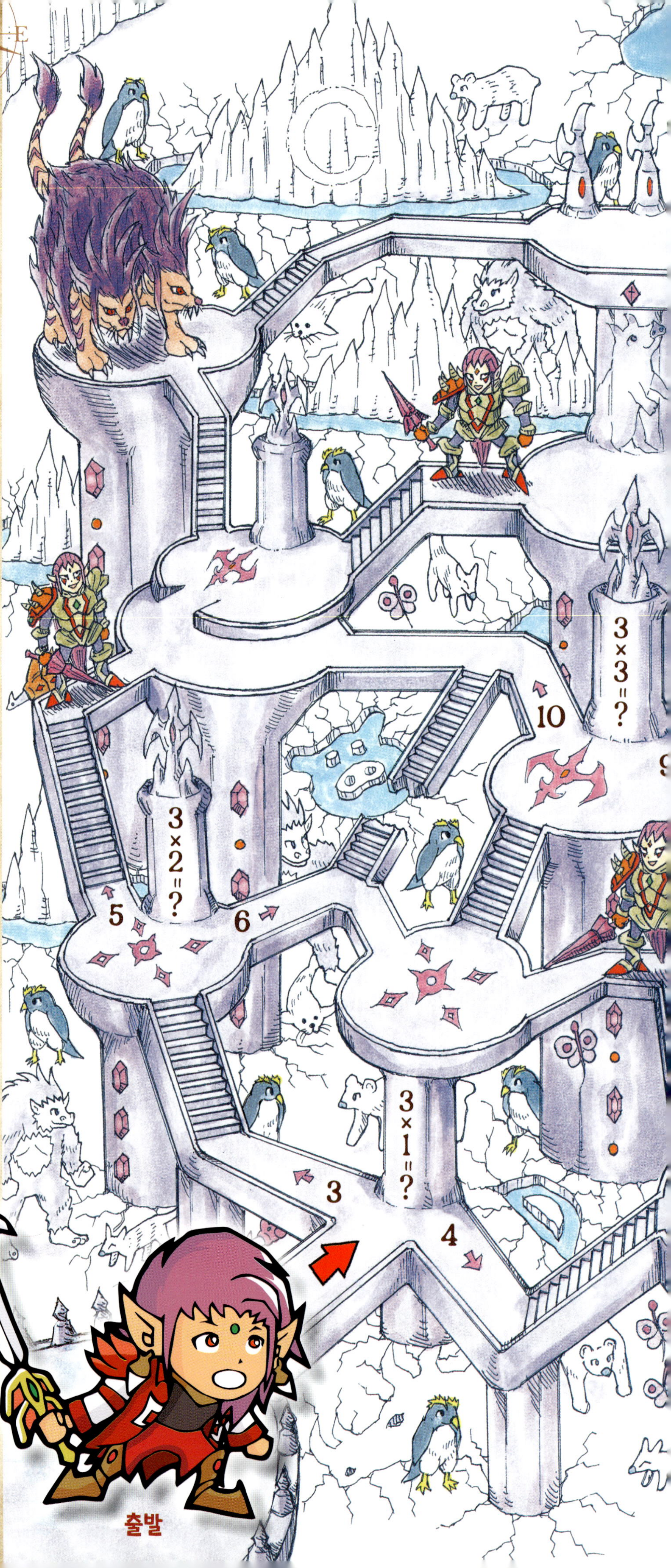

3×3=?
10
3×2=?
5
6
3×1=?
3
4
출발

여기까지 무사히 통과했다면
구구단 3단 외우기 성공!

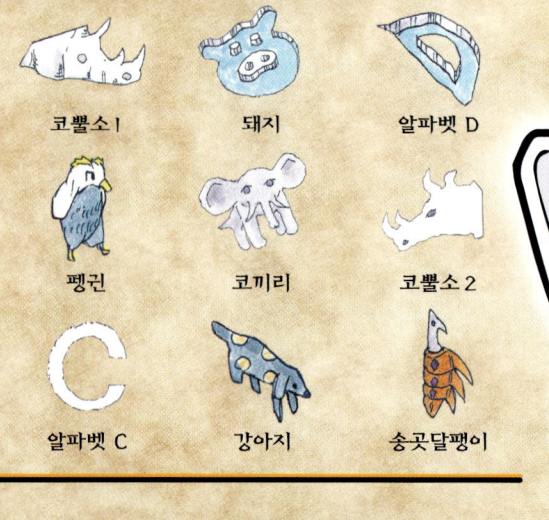

4단

환상의 숲

꽃과 나비가 가득한
숲에 도착했어요.
하지만 길을 잘못 들어서면
빠져나올 수 없어요.
지금부터 땅속에 묻힌
전설의 검을 찾아 떠나 보세요.

1단계 미로 찾기

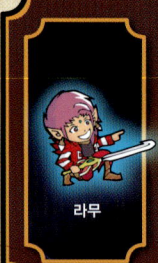

라무

출발에서 전설의 검이 있는 도착까지 가 보세요. 길을 지날 때마다 구구단 4단 문제가 나오는데, 정답을 맞히면 미로를 빠져나갈 수 있어요. 이때 괴물이 있는 곳은 지나갈 수 없답니다.

2단계 미로 찾기

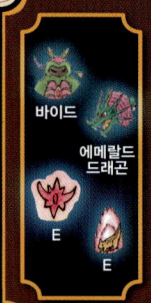

바이드
에메랄드
드래곤
E
E

구구단 4단은 신경 쓰지 말고 칼의 초록색 버튼을 눌러 길을 막고 서 있는 괴물 바이드와 에메랄드 드래곤을 모두 무찌르세요. 가는 길에 에너지를 충전하면, 힘이 세져요. 같은 길은 한 번만 지나갈 수 있어요.

숨은그림찾기

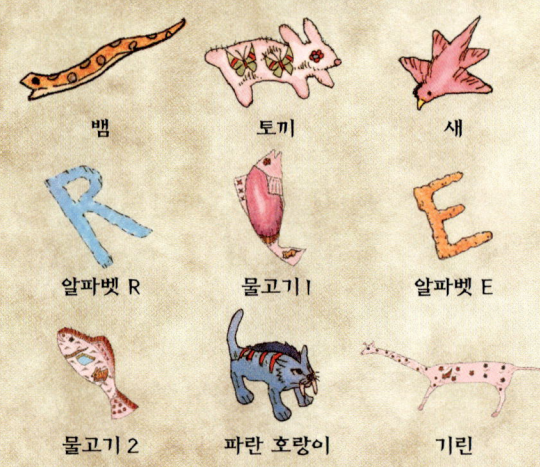

뱀
토끼
새
알파벳 R
물고기 1
알파벳 E
물고기 2
파란 호랑이
기린

4×3=?
12
13
4×4=?
17
16
4×2=?
8
9
4×1=?
4
5
출발

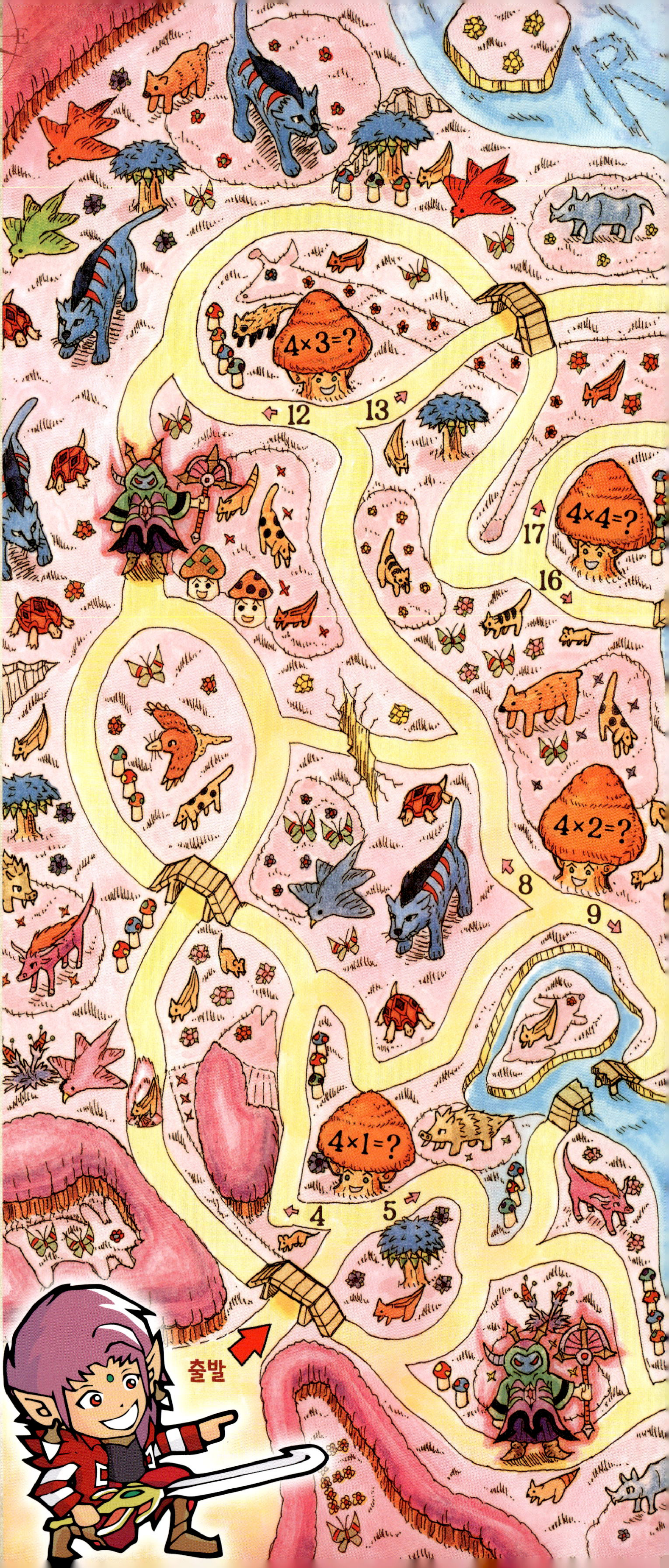

여기까지 무사히 통과했다면
구구단 4단 외우기 성공!

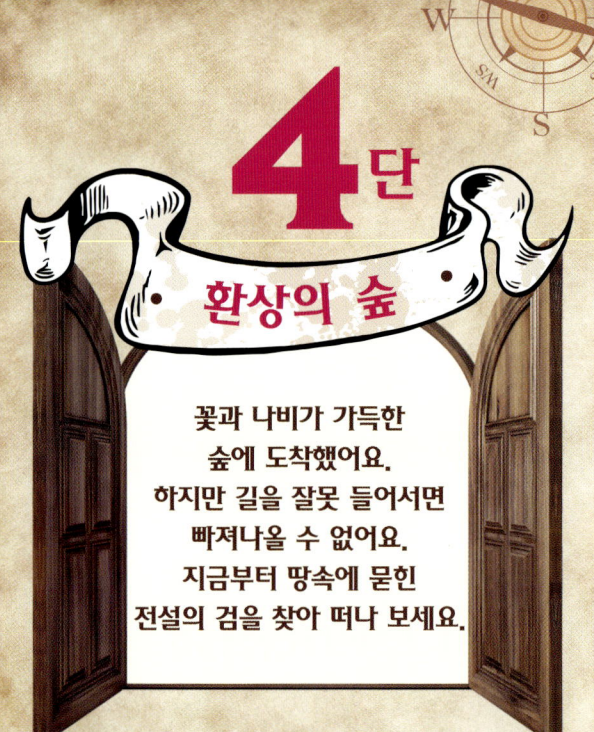

5단

화산 마을

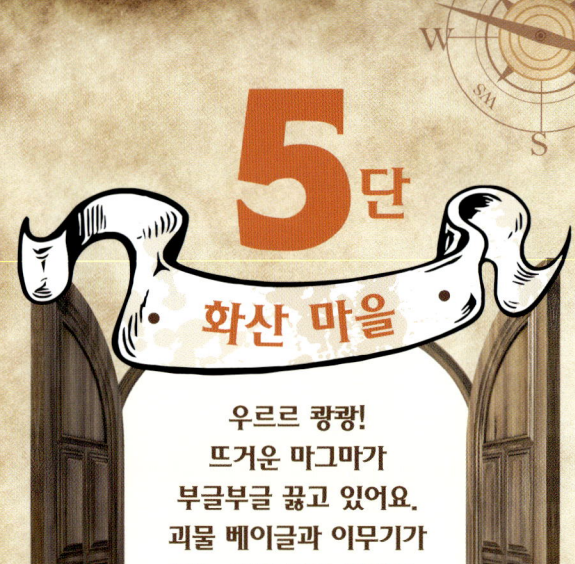

우르르 쾅쾅!
뜨거운 마그마가
부글부글 끓고 있어요.
괴물 베이글과 이무기가
가는 길을 막고 있어요.
조심조심 걸으며
미로를 빠져나가 보세요.

1단계 미로 찾기

라무

출발에서 전설의 검이 있는 도착까지 가 보세요. 길을 지날 때마다 구구단 5단 문제가 나오는데, 정답을 맞히면 미로를 빠져나갈 수 있어요. 이때 괴물이 있는 곳은 지나갈 수 없답니다.

2단계 미로 찾기

베이글 / 이무기 / E / E

구구단 5단은 신경 쓰지 말고 칼의 초록색 버튼을 눌러 길을 막고 서 있는 괴물 베이글과 이무기를 모두 무찌르세요. 가는 길에 에너지(E)를 충전하면, 힘이 세져요. 같은 길은 한 번만 지나갈 수 있어요.

숨은그림찾기

고래 · 알파벳 R · 넓적사슴벌레
나비 · 펭귄 1 · 알파벳 F
알파벳 E · 바다표범 · 펭귄 2

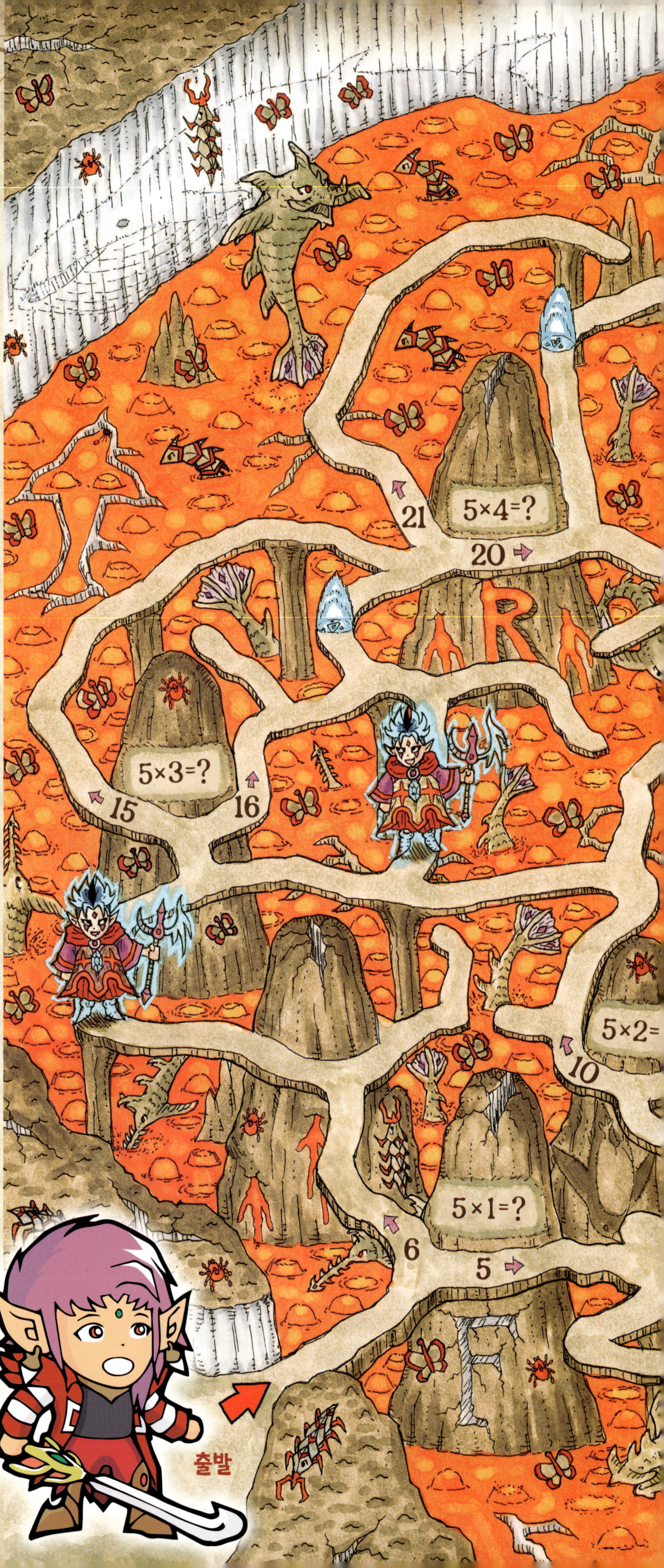

여기까지 무사히 통과했다면
구구단 5단 외우기 성공!

6단
드래곤의 섬

하늘 위에 떠 있는 섬 주위를
드래곤이 날고 있어요.
조심! 발을 잘못 내딛으면
바다로 떨어질 수 있어요.
발밑을 조심하며
미로를 빠져나가 보세요.

1단계 미로 찾기

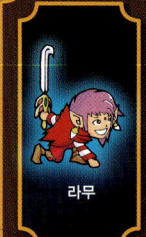

라무

출발에서 전설의 검이 있는 도착까지 가 보세요. 길을 지날 때마다 구구단 6단 문제가 나오는데, 정답을 맞히면 미로를 빠져나갈 수 있어요. 이때 괴물이 있는 곳은 지나갈 수 없답니다.

2단계 미로 찾기

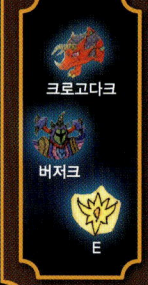

크로고다크
버저크
E

구구단 6단은 신경 쓰지 말고 칼의 초록색 버튼을 눌러 길을 막고 서 있는 괴물 크로고다크와 버저크를 모두 무찌르세요. 가는 길에 에너지(E)를 충전하면, 힘이 세져요. 같은 길은 한 번만 지나갈 수 있어요.

숨은그림찾기

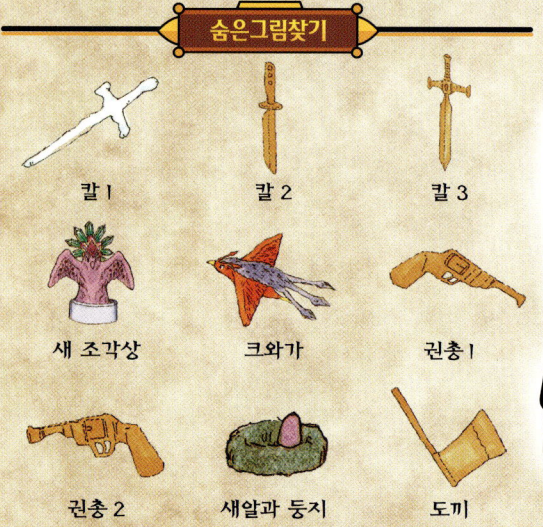

칼 1
칼 2
칼 3
새 조각상
크와가
권총 1
권총 2
새알과 둥지
도끼

6×4=?
23
24
6×2=?
11
12
6×3=?
18
17
6×1=?
6
7
출발

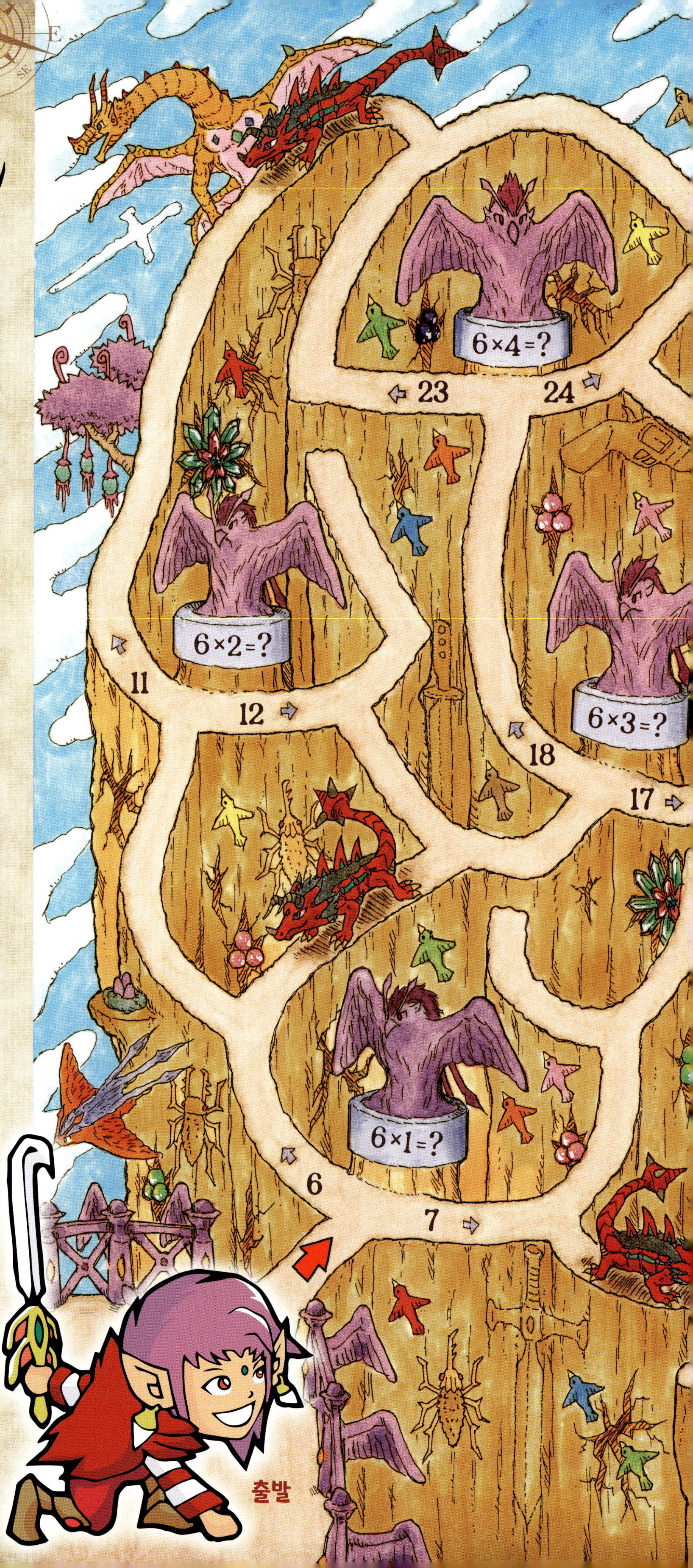

여기까지 무사히 통과했다면
구구단 6단 외우기 성공!

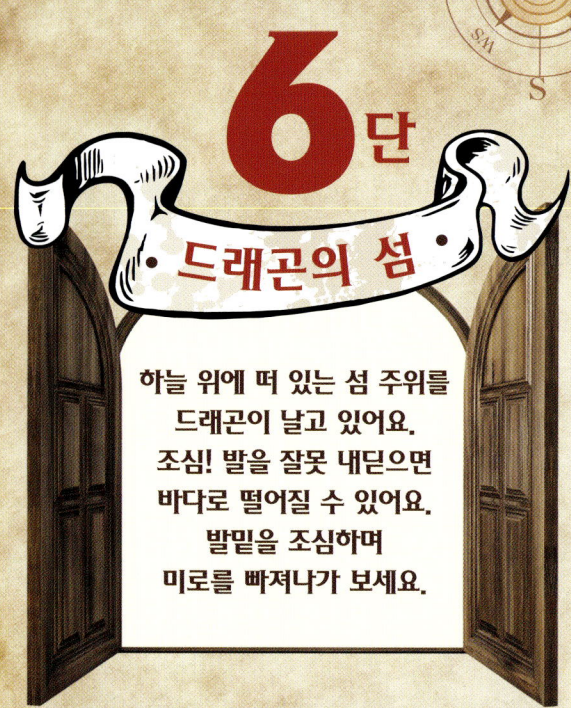

7단

바위산

뾰족뾰족 험악한 바위로 뒤덮인 산길이에요. 반짝이는 보석에 한눈을 팔다가는 무시무시한 괴물 슬레이어의 먹이가 될 거예요. 정신을 바짝 차리고서 미로를 빠져나가 보세요.

1단계 미로 찾기

출발에서 전설의 검이 있는 도착까지 가 보세요. 길을 지날 때마다 구구단 7단 문제가 나오는데, 정답을 맞히면 미로를 빠져나갈 수 있어요. 이때 괴물이 있는 곳은 지나갈 수 없답니다.

라무

2단계 미로 찾기

구구단 7단은 신경 쓰지 말고 칼의 초록색 버튼을 눌러 길을 막고 서 있는 괴물 슬레이어와 도그마를 모두 무찌르세요. 가는 길에 에너지를 충전하면, 힘이 세져요. 같은 길은 한 번만 지나갈 수 있고, 점프(J)라고 표시된 곳은 같은 색의 점프(J)라고 표시된 곳까지 이동할 수 있어요.

슬레이어
도그마
E
J

숨은그림찾기

두꺼비 · 사자1 · 버섯 · 바나나1 · 사자2 · 바나나2 · 보석 · 바위산도마뱀 · 보석

여기까지 무사히 통과했다면 **구구단 7단** 외우기 성공!

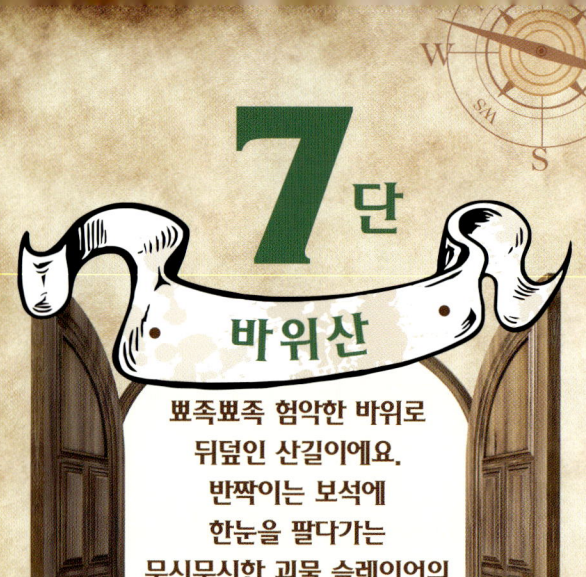

8단

바다 위 요새

괴물들이 우글거리는 바다 위 요새에 도착했어요. 괴물 슬레이브와 디젤이 지키고 있네요. 용기를 내 미로를 빠져나가 볼까요?

1단계 미로 찾기

라무

출발에서 전설의 검이 있는 도착까지 가 보세요. 길을 지날 때마다 구구단 8단 문제가 나오는데, 정답을 맞히면 미로를 빠져나갈 수 있어요. 이때 괴물이 있는 곳은 지나갈 수 없답니다.

2단계 미로 찾기

슬레이브
디젤
E
J

구구단 8단은 신경 쓰지 말고 초록색 버튼을 눌러 길을 막고 서 있는 괴물 슬레이브와 디젤을 모두 무찌르세요. 가는 길에 에너지(E)를 충전하면, 힘이 세져요. 같은 길은 한 번만 지나갈 수 있고, 뱃길은 배가 있는 곳에서만 건널 수 있어요. 점프(J)라고 표시된 곳은 같은 색의 점프(J)라고 표시된 곳까지 이동할 수 있어요.

숨은그림찾기

문어 · 알파벳 S · 가재
알파벳 E · 가오리 · 알파벳 A
하얀날개잠자리 · 해파리 · 상어

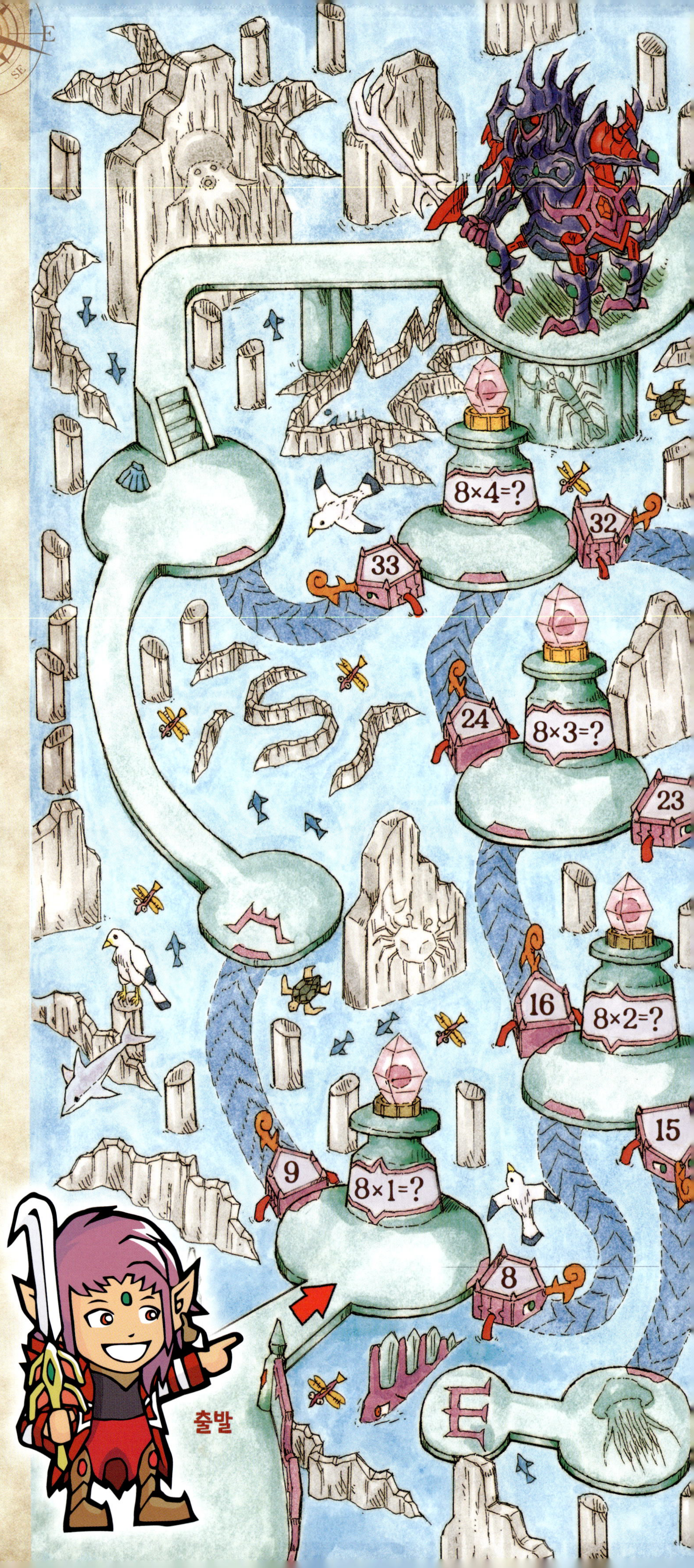

여기까지 무사히 통과했다면 **구구단 8단 외우기 성공!**

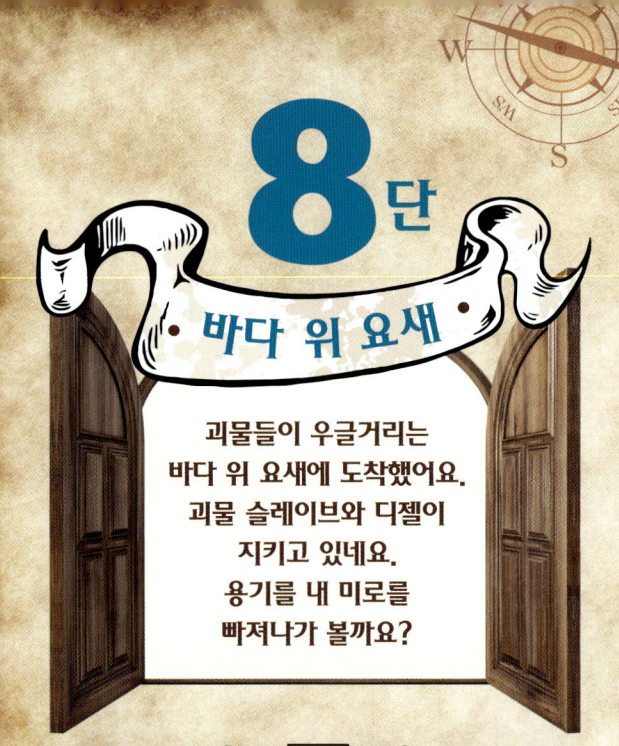

9단 · 악마의 성 ·

악마의 성 안쪽에는 절벽 같은 성벽이 둘러싸고 있어요. 이곳에 마지막 전설의 검이 숨겨져 있어요. 미로를 빠져나가 마지막 전설의 검을 손에 넣으세요.

1단계 미로 찾기

라무

출발에서 전설의 검이 있는 도착까지 가 보세요. 길을 지날 때마다 구구단 9단 문제가 나오는데, 정답을 맞히면 미로를 빠져나갈 수 있어요. 이때 괴물이 있는 곳은 지나갈 수 없답니다.

2단계 미로 찾기

블레이드
고스트
E
나이트메어

구구단 9단은 신경 쓰지 말고 칼의 초록색 버튼을 눌러 길을 막고 서 있는 괴물 블레이드와 고스트와 나이트메어를 모두 무찌르세요. 가는 길에 에너지(E)를 충전하면, 힘이 세져요. 같은 길은 한 번만 지나갈 수 있어요.

숨은그림찾기

창1 / 칼1 / 칼2
칼3 / 마법의 지팡이 / 비블
창2 / 도끼 / 별 마크

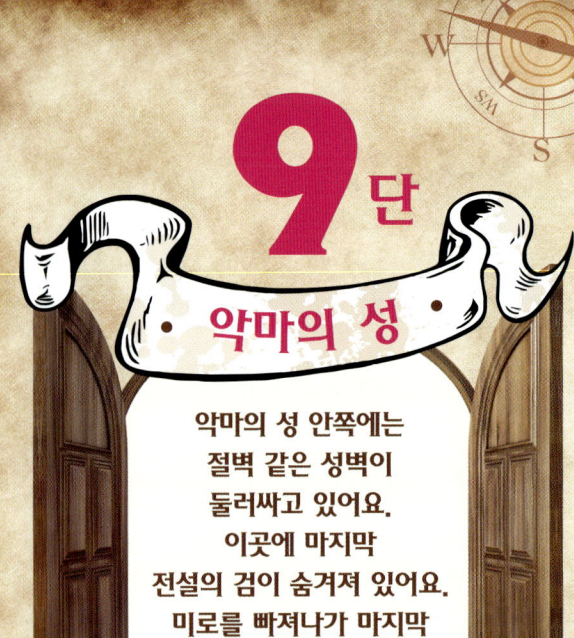

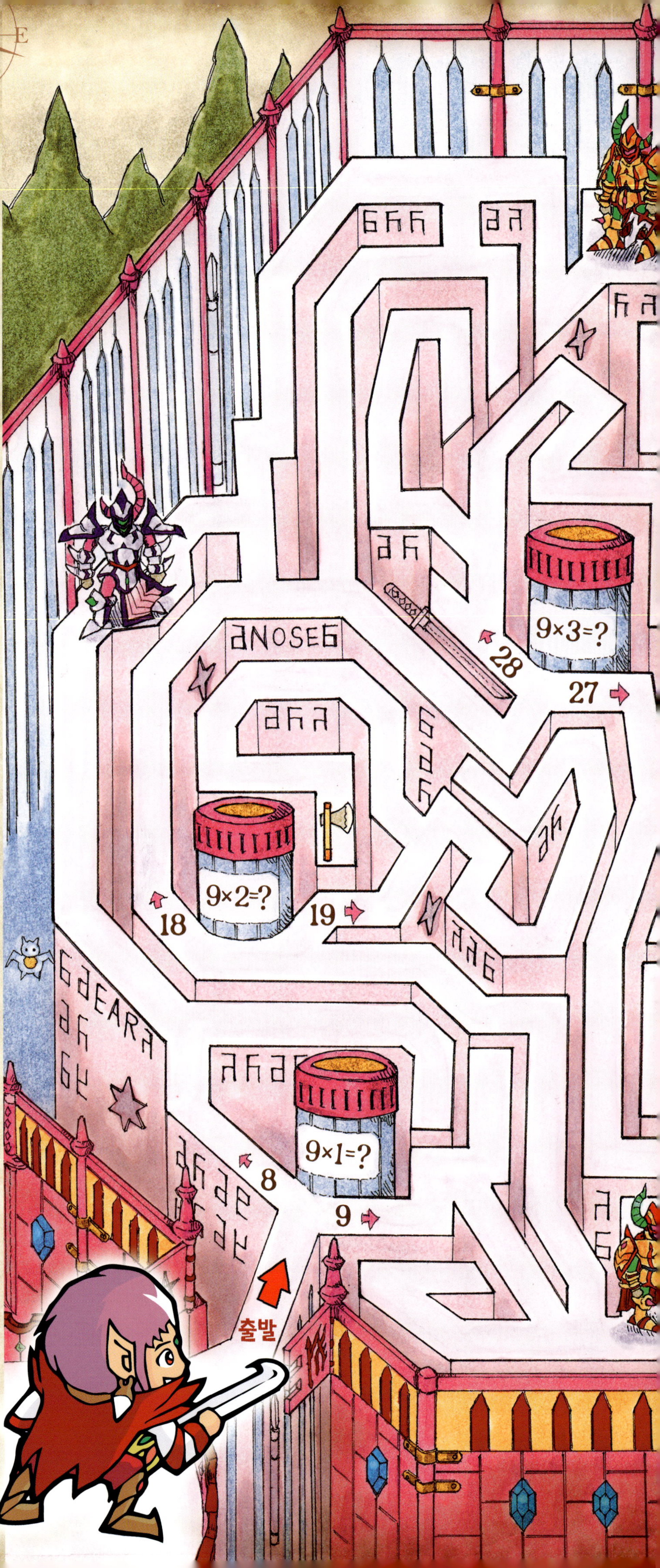

여기까지 무사히 통과했다면 구구단 9단 외우기 성공!

구구단

최후의 결투

이 싸움에서 이기지 못하면 세상의 평화는 사라져 버릴 거예요. 지금까지 모은 전설의 검 9자루로 괴물 발자와 마법사 엑시스트를 물리치고, 마왕 데빌을 어둠의 세계에 봉인해 주세요.

신나는 구구단 문제

라무

전설의 검 9자루를 자세히 살펴보면 구구단 문제가 새겨져 있어요. 정답은 마왕 데빌의 몸속에 숨겨져 있어요. 정답을 찾아내 최후의 결투에서 승리하세요.

신나는 숫자 세기

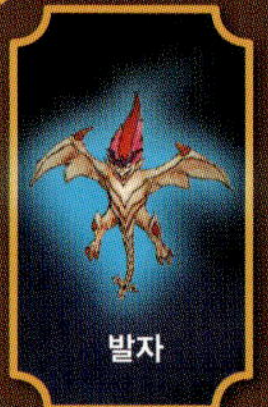

발자

발자는 모두 몇 마리일까요?

____ 마리

숨은그림찾기

- 비행기
- 가위 1
- 알파벳 A
- 미사일 1
- 가위 2
- 생쥐
- 미사일 2
- 알파벳 K
- 숫자 36

여기까지 무사히 통과했다면 구구단 외우기 모두 성공!

성공!

전설의 용사 라무여!
구구단 미로 탐험을 끝낸 것을 축하하네.
당신의 용기와 지혜로 마법의 세계를 지배하려던
마왕 데빌을 어둠의 세계에 가두었네.
마법의 세계는 다시 평화를 찾았다네.
그대는 세상을 구한 위대한 용사라오.

정답

미로에서 통과할 수 있는 길이 여러 곳일 경우 최단 거리를 표시했습니다.
1단계 미로 찾기 —— 2단계 미로 찾기 —— 숨은그림찾기 ○

1단 · 마법의 마을

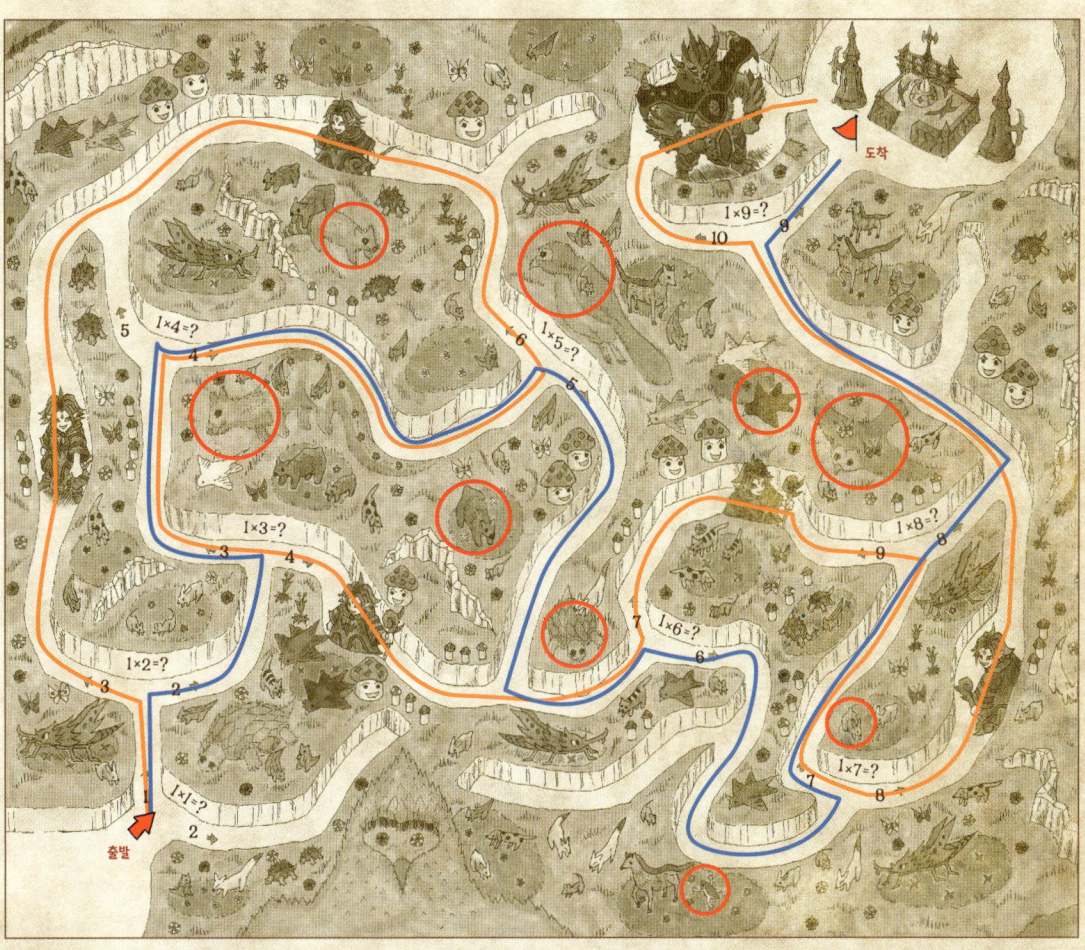

2단 · 숲 속 마을

3단
빙하 계곡

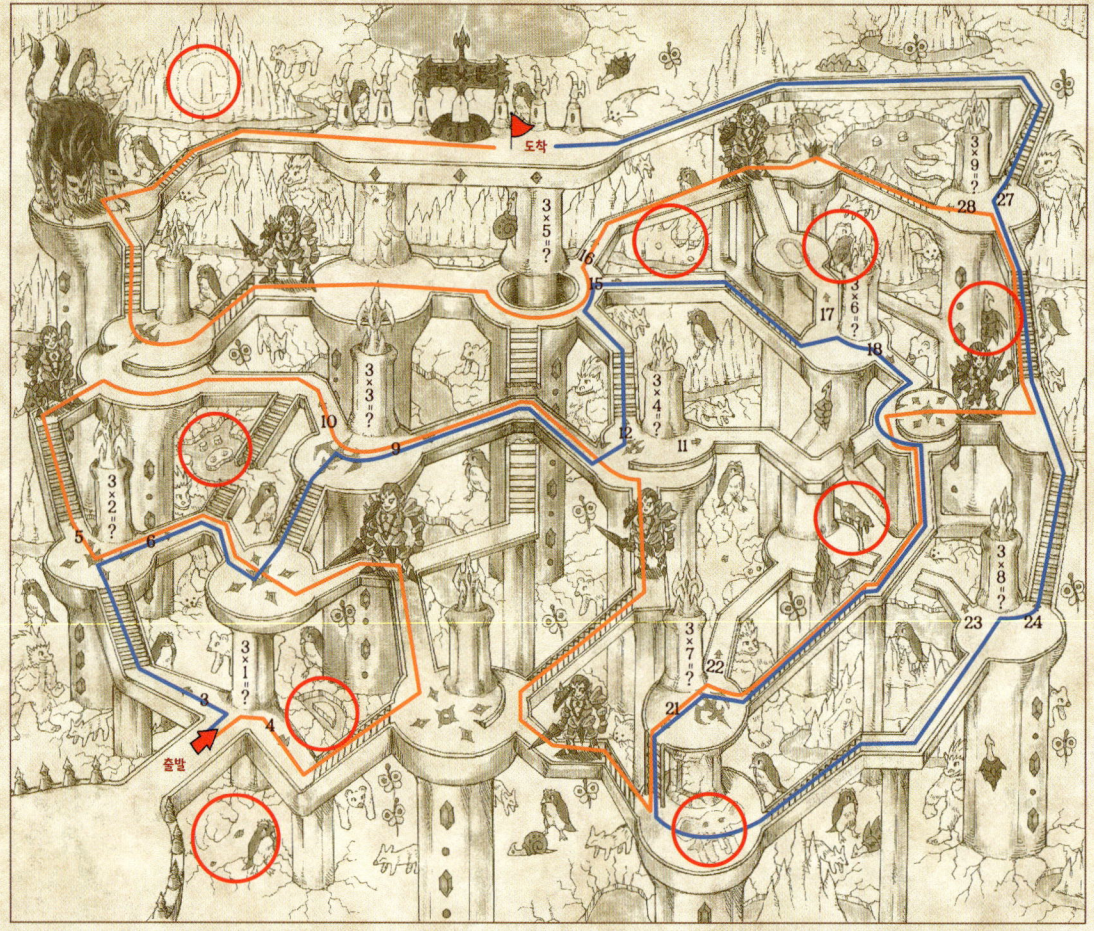

4단
환상의 숲

미로에서 통과할 수 있는 길이 여러 곳일 경우 최단 거리를 표시했습니다.
1단계 미로 찾기 —— 2단계 미로 찾기 —— 숨은그림찾기 ◯

5단 화산 마을

6단 드래곤의 섬

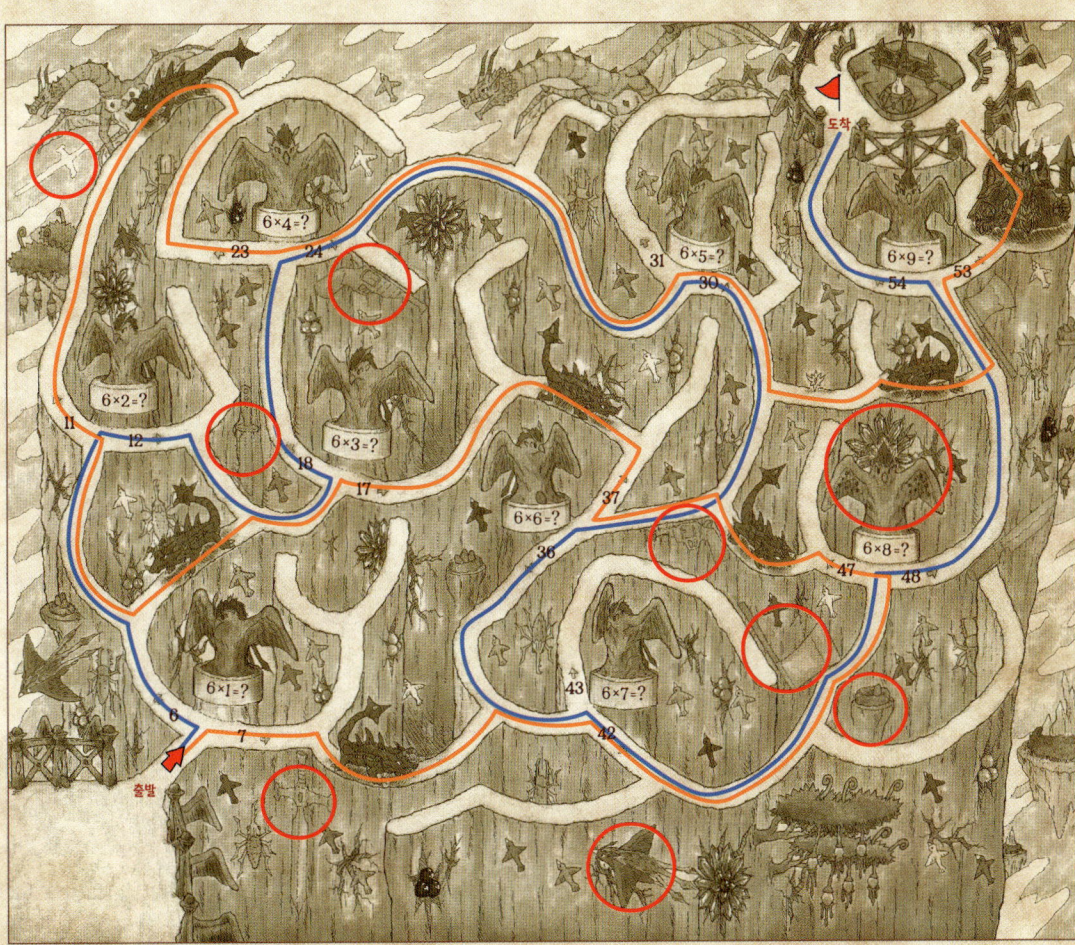

7단
바위산

8단
바다 위 요새

미로에서 통과할 수 있는 길이 여러 곳일 경우 최단 거리를 표시했습니다.
1단계 미로 찾기 —— 2단계 미로 찾기 —— 숨은그림찾기 ○

9단
악마의 성

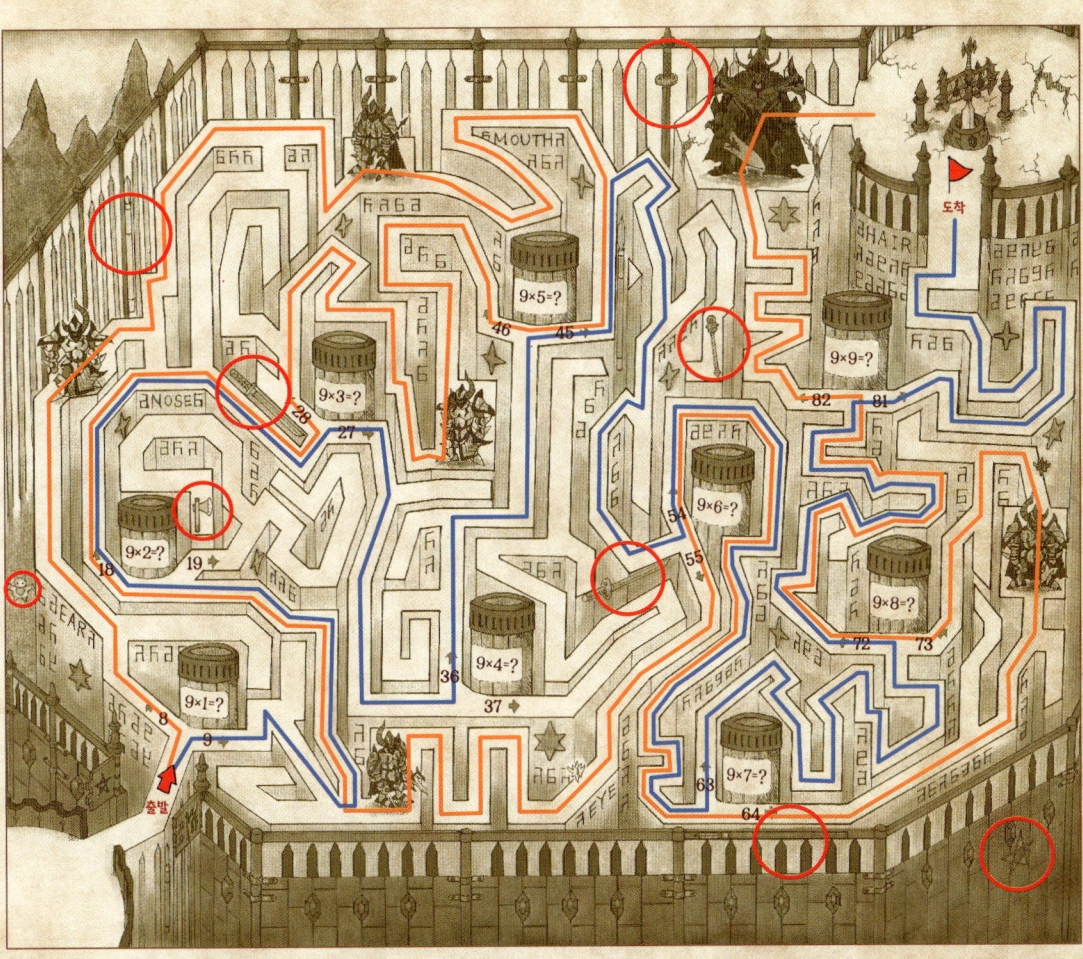

구구단
최후의 결투

신나는 구구단 문제 ——
신나는 숫자 세기: 11마리
숨은그림찾기 ○

구구단 술술 외우기

1단

1×1=1
1×2=2
1×3=3
1×4=4
1×5=5
1×6=6
1×7=7
1×8=8
1×9=9

2단

2×1=2
2×2=4
2×3=6
2×4=8
2×5=10
2×6=12
2×7=14
2×8=16
2×9=18

3단

3×1=3
3×2=6
3×3=9
3×4=12
3×5=15
3×6=18
3×7=21
3×8=24
3×9=27

4단

4×1=4
4×2=8
4×3=12
4×4=16
4×5=20
4×6=24
4×7=28
4×8=32
4×9=36

5단

5×1=5
5×2=10
5×3=15
5×4=20
5×5=25
5×6=30
5×7=35
5×8=40
5×9=45

6단
6×1=6
6×2=12
6×3=18
6×4=24
6×5=30
6×6=36
6×7=42
6×8=48
6×9=54

7단

7×1=7
7×2=14
7×3=21
7×4=28
7×5=35
7×6=42
7×7=49
7×8=56
7×9=63

8단

8×1=8
8×2=16
8×3=24
8×4=32
8×5=40
8×6=48
8×7=56
8×8=64
8×9=72

9단

9×1=9
9×2=18
9×3=27
9×4=36
9×5=45
9×6=54
9×7=63
9×8=72
9×9=81

□ 안에 알맞은 수를 써넣으세요.

1단

1×1 =
1×2 =
1×3 =
1×4 =
1×5 =
1×6 =
1×7 =
1×8 =
1×9 =

2단

2×1 =
2×2 =
2×3 =
2×4 =
2×5 =
2×6 =
2×7 =
2×8 =
2×9 =

3단

3×1 =
3×2 =
3×3 =
3×4 =
3×5 =
3×6 =
3×7 =
3×8 =
3×9 =

4단

4×1 =
4×2 =
4×3 =
4×4 =
4×5 =
4×6 =
4×7 =
4×8 =
4×9 =

5단

5×1 =
5×2 =
5×3 =
5×4 =
5×5 =
5×6 =
5×7 =
5×8 =
5×9 =

6단

6×1 =
6×2 =
6×3 =
6×4 =
6×5 =
6×6 =
6×7 =
6×8 =
6×9 =

7단

7×1 =
7×2 =
7×3 =
7×4 =
7×5 =
7×6 =
7×7 =
7×8 =
7×9 =

8단

8×1 =
8×2 =
8×3 =
8×4 =
8×5 =
8×6 =
8×7 =
8×8 =
8×9 =

9단

9×1 =
9×2 =
9×3 =
9×4 =
9×5 =
9×6 =
9×7 =
9×8 =
9×9 =

글·그림 이토 다쓰야

1982년 미야기 현에서 태어났습니다. 잡지 『아르카디아(ARCADIA)』에서 주최하는 공모전에서 '아르카디아 상'을 받았습니다. 롤프 하이먼처럼 아이들에게 사랑받는 미로 그림책을 만드는 것을 꿈꾸며, 『구구단 모험 미로』를 작업했습니다. 『구구단 모험 미로』는 이토 다쓰야가 세상에 선보이는 첫 번째 그림책입니다.

옮김 최윤영

자신이 전하는 글이 따스한 봄 햇살처럼 사람들의 유쾌하고 행복한 삶에 도움이 되기를 바라며 일본 책을 우리말로 옮기는 번역가로 활동하고 있습니다. 그동안 옮긴 책으로는 『하나와 미소시루』 『여리고 조금은 서툰 당신에게』 『당신이 매일매일 좋아져요』 『직장인을 위한 7번 읽기 공부법』 등이 있고, 그림책으로는 『달님의 모자』 『내 방 치우기』가 있습니다.

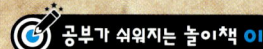

구구단 모험 미로

글·그림 | 이토 다쓰야
옮김 | 최윤영

초판 1쇄 발행 | 2016년 2월 25일
초판 6쇄 발행 | 2020년 8월 15일

펴낸이 | 신난향
편집위원 | 박영배
펴낸곳 | (주)맥스교육(상수리)
출판등록 | 2011년 8월 17일(제321-2011-000157호)
주소 | 서울특별시 서초구 마방로 2길 9, 5층(양재동, 보광빌딩)
전화 | 02-589-5133 팩스 | 02-589-5088
홈페이지 | www.maxedu.co.kr 블로그 | blog.naver.com/sangsuri_i

기획·편집 | 김사랑 임채혁
디자인 | 유지현
영업·마케팅 | 백민열
경영지원 | 장주열

ISBN 979-11-5571-401-0 74410
정가 11,000원

- 이 책의 내용을 일부 또는 전부를 재사용하려면 반드시 (주)맥스교육(상수리)의 동의를 얻어야 합니다.
- 이 도서의 국립중앙도서관 출판시도서목록(CIP)은 e-CIP홈페이지(http://seoji.nl.go.kr)와 국가자료공동목록시스템(http://www.nl.go.kr/kolisnet)에서 이용하실 수 있습니다.
  (CIP제어번호 : CIP2016002007)
- 잘못된 책은 구입한 곳에서 바꾸어 드립니다.

상수리는 독자 여러분의 귀한 원고를 기다리고 있습니다.
투고 원고는 이메일 maxedu@maxedu.co.kr로 보내 주세요.

어린이제품안전특별법에 의한 제품 표시
제조자명 (주)맥스교육(상수리) \ 제조국 대한민국 \ 제조년월 2020년 8월 \ 사용연령 만 6세 이상 어린이 제품